ANTTI HAVERINEN

PROTO

runoismeja

Omistettu kaikille niille, jotka vielä
jemmaavat viisauksiaan, ajatuksiaan,
ideoitaan — kaikkea sitä mikä voisi
rikastuttaa maailmaamme. Veli, sisko,
henkilö — täyttäkäämme maailmaa
luovuudellamme.

Antti Haverinen

PROTO

runoismeja

Kustantaja: BoD – Books on Demand, Helsinki, Suomi

Valmistaja: BoD – Books on Demand, Norderstedt, Saksa

Graafinen suunnittelu: Antti Haverinen. Fonttina
käytetty Special Eliteä.

ISBN 978-952-802-181-0

Ps. Uusimmat runoismit löytyvät aina
anttihaverinen.com/runoismi. Runoismit julkaistaan
sarjanumeroittain, aivan kuten tässäkin kirjassa.

ALUKSI

Pitäessäsi tätä PROTO-kirjaa kädessäsi
kosket samalla maailman ensimmäiseen
kirjaan runoismeista. Tämä teos kokoaa
mielestäni osuvimpia runoismeja eli
hetkien ihmeellisyyksissä syntyneitä
ajatuksia, jotka eivät ole runoja eivätkä
aforismeja.

Runoismit ovat kunnianosoituksia meissä
asuvalle luovuudelle. Ei tarvitse olla

runoilija eikä aforistikko, jotta voi
oivalluttaa ja viisastuttaa yleisöä. Kuka
tahansa siis voi olla runoismistikko.

Tule runoismisteilemään perässä.
Olisipas mukana lukea ja kuulla
runoismejasi – ja napata niitä kiinni
#runoismi-tägillä virtuaalisista
maailmoistamme.

Helsingissä helmikuussa 2020.
Antti Haverinen

KIPPISTÄ?

Kuplat, nuo lasia nuolevat optimistit,
kuohuviinipullossa odottavat
malttamattomia päästä kiljumaan riemusta
kanssamme. Mitä vielä epäröit,
ystäväiseni.

ELÄMÄ ON

Mitä tässä huolehtimaan elämästä.

Edessäni kuohuvaa vielä puolen tuoppia.

Ideat muhentuvat ja hakevat muotoaan.

Kauneus tunkee joka paikasta esiin. Elämä

on.

POKS, POKS

Me kesäisellä nurmella juoksentelevat
emme murehdi estojamme, emmekä jää
miettimään mitään ylimääräistä. Poks,
poks, sanovat taivaalla lentelevät
saippuakuplat. Uudestaan, vaativat pojat.

SIEMENTEN VOIMA

Käsittämättömät siemenet. Miten noin
pienessä on koko elämämme. Siemenestä
kasvaa puu. Ehkäpä jo huomenna kerään
ensimmäisen sadon ja jaan sen maailmani
kanssa.

AURINKO

Aurinko on pilvien takana
piilottelemassa itseään.

EI LINJALLA

Jos pysähtyisit ja kyydittäisit, mille
pysäkille minut veisit?

TÄNÄÄN TEEN TOISIN

Olen sulkenut silmäni juuri silloin kun
tulevaisuus olisi ollut edessäni
hotkaistavana. Jumala, jeesus, jahve,
kosmos, henki — mikä ikinä oletkin —
pyydän uskallusta tajuta, että teen tänään
toisin.

HEIKKOINA HETKINÄ

Ei ole mitään syytä, miksi juuri sinulle
ei voisi käydä hyvin.

RIVILLE 3, PAIKKA 27 VAPAANA

Ihan turha suunnitella elämää, sillä
juuri silloin maailma varaa sinulle liput
erikoisnäytökseen katsomaan jotain
uutta. Haluatko mukaan? Rivillä 3 ja
paikka 27 olisi vapaana tänään.

RENESANSSINEROT

Missä te olette, renesanssinerot?
Nykyisen ilmastomme nuivakuivuus
kapeuttaa kaiken, nielaisee ilot. Missä te
olette, mestarit, joiden viettelevistä
ajatuksista saisimme mieleemme
kiihotusta?

YKSINKERTAISTAJAT

Tässä kamalassa sotkuisessa maailmassa
rakastaa niitä, jotka yksinkertaistavat
haasteellisuudet haasteellisiksi
yksinkertaistuksiksi.

FARISEUKSIA ON LIIKAA

En halua julistajaksi, profeettoja ja
fariseuksia on ihan liikaa. Ihmisten
tulisi löytää itse aamupuuronsa
hiutaleet.

USKO POIS

Usko pois, ajatuksesi toimivat kuin
kärpäspaperi. Houkutteletko
paskatunkion asukkeja vierailemaan
luonasi?

MITÄ KAIKKEA LUONKAAN

Luottaessani luon hyvyyttä elämään,
rakkautta suhteisiini, kasvua
pienuuksiini, uusia polkuja
seikkailtavaksi.

TOISINAJATTELIJA

Miten maailmasi muuttuu, jos
peltipurkkiin umpioitunut mielesi
avataan esille?

VUORI

Minulle sanottiin: korkealle kapuaminen
on mahdotonta. Olet vuoren juurella ja
siellä pysyt. Mies näytti tietävän
asiansa. En luota ihmisiin, joiden pelkkä
katse lannistaa meidät unohtamaan
haaveet.

KOKEILE TOISTA PURKKIA

Manaamme sitä, kuinka epäreilua elämä on
ollutkaan. Jos alussa olisi ollut hyvät
voiteet, pitoa ja luistoa olisi riittänyt
aina. Kokeilisit toista purkkia, tyyppi?

KIELTÄYTYMISEN OLEMUKSESTA

Ei – kyllä jonnekin parempaan.

USKALLATKO KURKATA TAAKSEPÄIN?

Ei mennyttä tarvitse pelätä. Niin paljon
se opettaa, osoittaa suuntaa, ja vieläpä
pysäyttää tähän hetkeen.

PÖNTÖLLÄ

Oletko valmistautunut tervehtimään
ainutlaatuista ajatustasi istuessasi
pöntöllä?

YHTEYS

Ehkä uskottelen itselleni – minusta tämä
linja ei ole ikinä katkennutkaan.
Viestiini sain vastauksen kuin ennenkin,
välissä monta, monta hetkeä ilman. Ystävä.

HUOMISEN HAASTEISTA

En kykene hahmottamaan huomisen kun
tämänkin päivän haasteet eivät ole
selvillä.

ME JUNANVESSOJA ETSIMÄSSÄ

Naurattaa, miten yksinkertaisesti
yksinkertaiset asiat toimivat.
Tarvitsemme näitä lisää, mutta tämä ei ole
yksinkertainen juttu.

RIITASOINTUJA

Sieluni rojahti pianon koskettimille –
voi noita haihtuvia riitasointuja.

PIENI BUDDHA

Tuo pieni nyytti, pieni buddhamme,
opettaa olemuksellaan enemmän kuin
5889751 kirjaa.

UNI AJASTAMME

Sankareiksi kohotellaan joutavuuksia.

Isorintaiset ihmetyttävät.

Keskinkertaisia opportunisteja maailmat

täynnä. Vain itselle, vain minulle.

Haluammeko herätä?

RAJALLISUUDESTA

Aika on rajallinen, sanotaan. Miksi sitten
käytän tässä tilanteessa sitä nojailuun
netissä?

HYS HYS

Ollessamme hiljaa jonkun korviin huuto
on tehnyt majansa.

HALUAN

Haluan pois, haluan pois, haluan valoon
maailman leppoisille käsivarsille.

AA BEE CEE

Ihmisille pitäisi antaa kurssi toisinajattelun historiasta, ehkäpä periaatteista. Eikä se olisi edes kovin vaikeaa – ajattele nyt itse.

MINÄMINÄ OY

Tämän yhtiön pyöröoveen en enää
ajatuksissanikaan astu, sillä se
pyörittää sieluni solmuun niin
sujuvasti.

AI TÄTÄ ELÄMÄN IHMETTÄ

Monta kertaa olen nähnyt

velvollisuuksien täydellistämät

haaveilijat uskaltautumaan

tuntemattomille areenoille voittamaan

itselleen elämän.

-77

LOPUKSI – MITEN RUNOISMEJA LUODAAN?

Runoistinen ilmaus syntyy kuin tekisi zen-buddhistia tussivedoksia – suoraan, peittelemättä ja korjaamatta. Usein runoismeja alkaa tulla kun antaa itselle luvan luoda pysähtymällä ja kuuntelemalla itseään, intuitiotaan. Anna kynäsi viedä. Mikä olisi sinun tapasi luoda runoismeja?

TEKIJÄSTÄ

Antti Haverinen on pääkaupunkiseudulla asuva runoismistikko, joka vapaa-ajallaan harrastaa muun muassa näitä runoismeja – jo vuodesta 2009 lähtien.

Työajallaan hän sparraa mm. ykkösille ja nollille oman inhimillisen paikkansa ihmisten työelämässä.